비움

비움

천숙녀 시조집

건강신문사

말갛게 닦아낸 집안
햇살 깊숙이 마실 와
눅눅했던 후미진 곳 찾아
보송보송 말려준다

비움에
평온한 지금
잔잔한 물무늬다

2020년 9월
천숙녀

차례

자서自序 • 5

절뚝이며

휴식休息 • 13
마음 밭 • 14
귀 울림 • 15
등불 • 16
아직도 • 18
맨발 • 19
달 하나 • 20
연정 • 22
몸살 • 23
웅크리고 물리다 • 24
그림 한 폭 • 25
겨울 문 밖 • 26
먼저 눕고 • 27
둥글게 깎아 • 29
절뚝이며 • 30

푹 젖은

한민족 독도사관 연구소 ● 32

하류에서 ● 34

뒤안길 ● 35

가을 길 ● 36

무너져 내린 ● 38

묵언默言 ● 39

비탈진 삶 ● 40

언 강 ● 41

깊어진 상처 ● 43

동안거冬安居 ● 44

푹 젖은 ● 46

사월과 오월 사이 ● 48

시린 등짝 ● 49

벼랑에서 ● 51

유서 ● 52

손등에 떨어진 눈물

짧은 편지 ● 57

지워질까 ● 58

거울 ● 61

뼈마디들 ● 62

길 ● 63

물소리 ● 65

기도처 ● 66

불끈 솟아도 ● 67

똬리를 틀고 ● 68

묵묵히 하루를 ● 71

손등에 떨어진 눈물 ● 72

찬 겨울 시멘트 바닥에 누워보면 ● 74

야윈 몸 ● 76

가을 빈손 ● 79

삶의 봇짐 ● 80

뼛속 깊이 파고드는 ● 82

꽃등 하나

공손히 ● 85
짓밟히더니 ● 87
꽃 등 ● 88
인두로 지지면서 ● 90
곡비哭婢 ● 93
젖은 이마 ● 94
처진 어깨 ● 95
시린 손 ● 96
밤새 걷던 자갈 길 ● 98
묵정밭 ● 101
낙장落張 ● 102
부딪힌 몸 ● 104
버림으로 ● 106
눈물로 짠 ● 107
아득히 먼 ● 108

절뚝이며

휴식休息

'잊어라!' 하지 않아도 잊어야 했다
별로 뜨고 이끼로 덮여

해묵은 기억들까지…
당신인 듯 잊지 못하게 하는 것들

세상의 인연因緣 조각들
한 장씩 걷어낸다

마음 밭

관절 타고 흐르는 휘청거리는 걸음
뜨거운 길의 흔적 장대비가 지웁니다
세상이
철커덕 닫혀
아무 일도 모릅니다

갈라 터진 마음 밭엔 가랑잎 쌓이지만
피멍 든 발바닥은 디딜 곳조차 없습니다.
숨찬 날
허물 덮으려
마중물이라도 부어보지만

내 속에 지친 상처 펌프 물로 씻길까요
아픈 기억 물려놓고 왈칵 안아 주시지요
닻줄을 놓았던
몹쓸 짓
다시는 안 하렵니다

귀 울림

늬 누굴 만나려고
그리 바쁜 걸음일까

풀잎 부딪는 소리 있어
흩날리는 영혼 있어

바람에 찢겨졌는지
날갯짓 멈추었다

등불

산 둘러 병풍치고
논 밭 두렁 거닐면서
고향 집 앞마당에
남은 가을 풀고 싶다

속엣것 다 비워놓고
달빛 당겨 앉히고 싶어

설핏 지는 해 걸음
고향 집에 등불 걸고
밭고랑을 매면서
새벽별도 만나고 싶다

콩나물 북어국 끓여
시린 속도 달래가며

아직도

길인가 싶어 걷다보니
발등 위에 밟히는 발
가깝다가 멀어지는
햇살에도 시린 가슴
그대가 비껴서는 날엔
작은 쉼표 찍습니다

넘쳐나던 힘줄이
가을 지나 초겨울 길
부풀던 꿈 터트려놓고
서걱서걱 우는 갈대
멈춰 선 깡마른 넋이
누울 자리조차 없습니다

맨발

버리지 못하는 집착의 길 한짐 씩 덜어내자
맞물린 톱니에 갇혀 견뎌야 했던 급류쯤
역류로 흐르는 소문은 참아온 내열耐熱이다

봄볕이 몰고 온 사연 소름으로 돋았다
꼿꼿이 서서 버티었던 발길 뚝 끊긴 사월
한바탕 춤사위였다 칼집 내어 버무리던

한여름 출렁이던 서녘 하늘에 노을이 탄다
땅을 치며 쏟은 눈물 목청 풀고 울었던 날
지독한 눈물이 있어 꽃으로 피는 거다

생生의 순간 오늘 하루는 한 편의 드라마다
수맥水脈으로 흐르면서 꿈틀거리는 목숨 줄
우주의 맑은 길 여는 가뿐한 맨발이다

달 하나

목숨의 분량을 재며
한 줄 노래 부르는 여기

온몸이 골다공증으로
턱뼈만 남아 삭아져도

묵정밭 마음 언저리
달 하나 심는 손길

연정

새잎이 돋는 아침
능선의 봄은 절창_{絶唱}이다

생살 도려내는 아픔쯤
흙바람에 눕혀놓고

밤마다 새날이 오기를
내 마음 붉히고 있다

몸살

의자는 삐걱대고 녹슨 문고리 바스라졌다

온몸이 녹아져도 자리는 지키는 것

찻물에 슬픔을 우려 몸을 풀고 누웠다

웅크리고 물리다

손끝이 아려와
젖꼭지도 아리다

발목이 욱신욱신하다
발목을 깨물었다

누웠다 웅크려 접힌 몸
발끝 당겨 젖꼭지 물리고

그림 한 폭

개펄 같은 가슴팍은
노을 타면 알 수 있다

녹슬은 삽자루에
낡고 해진 삶의 고리

이랑을 훑고 지나며
층층이 숨겨진 한 폭 그림

겨울 문밖

선릉역 4번 출구出口에
광고지가 흩어지고

란제리, 셔츠, 룸, 양주, 풀세트
보도블록 어지럽다

접혔다 펼쳐지는 일
천 갈래 길을 연다

먼저 눕고

바람 불면 먼저 눕고 묵정밭 일구었다

고향 집 구들장은 늘 이렇게 뜨끈하다

질긴 삶 몸져눕더니 몽돌 되어 구르고

늪에서도 숨은 붙어 해 뜨고 지는 길 있어

봉함엽서 띄운 날 바람 한 줌 훑고 갔다

시간의 두께만큼은 방음벽이 세워졌다

둥글게 깎아

논둑 지나 앞들까지
콩 꼬투리 터지는 소리
보자기를 펼쳐놓고 세월 속의 나를 싼다
뒤란의
마른 흙담이
상처 씻어 내리던 날

옹이도 풀어내면
나이테로 펼쳐질까
모난 생 둥글게 깎아 시접을 정리했다
시린 속
햇살을 받아
돋는 소리 푸르다

절뚝이며

시큰거리는 무릎 병 있어
헛디뎌 미끄러졌지

몇 번이나 발목 삐어
절뚝이며 걸었던 날

접질린 뼈마디 찾아
침鍼 한 대로 어르는 오후

푹 젖은

한민족 독도사관 연구소

초겨울 매운 바람이
등짝을 밀어냈다
이마를 짚는 손길
웅크리고 앉았다가
깊숙이
파고든 햇살
푸른 목숨으로 살고 있다

스무 계단 지하 벙커에
독도사관 머물고
이십 구년 달려와 돌아갈 수도
멈출 수도 없는 길
목울대
붉어진 걸음
초승달로라도 뜰까 말까

한민국 독도사관

Korea Nation Dokdo Analysis

하류에서

뼈가 숭숭 보이는 가슴팍 안고
하류로 하류로만 떠나던 날

기억의 저편을 더듬어
봄꽃 엽서 등불 켜며

말라서 바스라져도
향기만은 저 혼자

뒤안길

하얀 고무신 한 켤레
댓돌 위에 벗어두고

이순耳順의 뒤안길
둘러보는 걸음 있어

한 생애 거울을 본다
곰마지 핀 나를 들여다 본다

가을 길

추억追憶을 꺼내놓고
침목枕木으로 밟아간다

살아있는 것들
품 안에 끌어안고

신 새벽 새벽별로 띄웠다
가을 길 함께 건너는 저 강

무너져 내린

검은 하늘이 빨려드는 시간
골목길 어둡다
무너져 내린 빈 집 터엔
소문조차 조용하다
가지 끝 피 묻은 세상도
세월 파도에 싸여 살아

화석化石으로 박힌
저문 산이 흔들렸다
하늘은 모래바람 불어
눈앞이 흐려졌나
어둠의 정수리 딛고
타는 저 주홍朱紅 불, 불, 불

묵언默言

말 못해 부풀어 오른
하고 싶은 말 한 섬이다

오랜 자갈 길에
말문 트이는 날 있을까

헐뜯겨 생채기 난 몸으로
오늘도 묵언수행默言修行

비탈진 삶

일손 끊긴 가장들 눈자위 붉어졌다
삶은 늘 비탈져서 뒤뚱이며 걷는 걸음
목메어
생목 오르고
쉰 물까지 토해내고

올 올마다 깊숙이 낡은 지문 묻어있다
무릎 기어 오르는 강 시린 관절 앓다가도
속 깊은
상처 따위는
스스로 꿰매 덮는다

언 강

어금니 내려앉아
잇몸이 부풀었다

무디어진 입맞춤은
언 강을 건너가고

쉼표를 눌러 찍었다
독한 기억이 묻혔다

깊어진 상처

먼 길 휘돌다 보니 걷던 길 끊어졌다
시골집 도랑 옆에 목청 푸는 풀벌레
흔들려
깊어진 상처
오늘 밤은 더 쓰라리다

건너 방엔 외로운 달 저 홀로 잠들지만
물꼬를 트고 들려오는 내 노래는 불면이다
구겨진
푸른 꿈들이
화폭 위에 난장이다

여기가 어디일까 내 머물 곳 어디일까
혀가 닿는 입안에는 침이 바짝 마르는데
고향 집
대청마루가 들려준
하얀 소지燒紙의 기도 한 토막

동안거冬安居

단풍 숲속을 헤치며 고스란히 태운 젊음

다닌 직장 변변찮아 퇴직금도 못 받았다며

외진 산

모롱이 돌며

쉬는 공부 중이란다

질화로엔 꿈 불씨 열심히도 지폈는데

소롯한 잿가루 한 줌 뿌릴 고랑 한 줄 없어

남은 생生

동안거冬安居 들어

편안한 쉼터 짓는 거란다

푹 젖은

들꽃 만나러 나섰다가
느닷없이 비를 맞아

한나절 소낙비에 한 생_生이 푹 젖었다

제 속살 비춰지는데
속사정이 필요할까

삼켜지지 않는 입속 말
꾸역꾸역 집어넣고

가을 하늘 귀퉁이에 축_軸 놓아 버렸으니

어둠 속 촛불이 되어
업장으로 탈 수 밖에

사월과 오월 사이

손때 짙게 묻어있는 서랍장을 열었다

서랍 속에 뒹굴고 있는 몽당해진 삶의 뼈

숨 가쁜

틈바구니에 끼여 참 많이 바빴겠다

이 악물고 입술 짓씹는 나의 사월은 막장이다

뗏장 한 삽 푹 떠 듯 내일을 푹 떠내어

제 세상

뽑아 올리는 오월 보름 맞는다

시린 등짝

잎 지고 물기가 빠진
힘줄이 앙상하다
발뒤축이 으깨지고
시퍼렇게 멍든 날
삐그덕 어긋난 빗장에
나무못 하나 더 박았다

잊혀진 기억들이
꿈틀거리며 달려오고
아직도 살아있을까
꿈 한쪽을 씹으면서
귀퉁이 시린 등짝에
얼어버린 내 등짝 맞대어 보는 밤

벼랑에서

옷고름 풀어 헤치며 빈 가슴을 뒤집는다

벼랑 끝 여기에 서면 무엇이 보일까

마음 다 비우고 나면 벼랑 끝도 안전지대다

비워내기 비워내기 비워내기 읊으면서

발길 뜸한 모퉁이 돌아 감긴 세월 풀어 본다

무너진 가슴 켜켜이 탑塔 하나 쌓으면서

유서

지하 방 벙커에 들어
창을 내고 햇살 좇아
곰팡내 짙은 벽지 타고
스멀스멀 기어오르는
등 맞댄
틈새 사이로
움 틔우는 그림자 하나

낮과 밤이 술래를 하며 지층(地層)을 쌓고 있다
쉬지 않고 일어서는 용암의 분출인가
사방이 눈부시구나 오늘의 아침햇살

생솔가지 꺾어와
불 지피는 저 손길
억지로 태우려니
된연기만 뿜어내지
젖은 몸

위안이 될까

휘몰이로 적는 유서 한 장

손등에
떨어진
눈물

짧은 편지

뒷골목 배회하며 진흙탕 휘저었다
따돌리지 못한 냄새 먹고 먹어도 허기진 날
어쩌면 가을날쯤에 맥脈 놓을까 생각했지

내리쬐는 따가움에 가릴 것 없다 해도
땡볕 호미질에 하얀 옥니 내보이며
풀뿌리 거푸집 쳐 놓고 기울진 마음 세웠다

푸른 이끼 앉은 세월에 붉은 밑줄 그어지면
불타는 심장을 꺼내 새 살 밀어 올려야지
젊은 날 짧은 편지를 읽고 또 읽으며…

지워질까

가파른 삶 오르면서 아침 오기 기다릴 때
눈 가득 고인 눈물 한밤을 지새우며
잠이든 폐포肺胞를 깨워 밀봉된 편지 뜯는다

창문으로 맑은 바람 조심스레 불어 들고
조간신문 잉크 냄새가 녹슨 어제를 닦으면
햇볕도 지하 방 벙커에 깊숙이 따라왔다

스무 계단 내려서면 머무는 곳 지하 방
달도 별도 아득하여 숨죽여 흐르는 강
고단한 생의 흔적이 언제쯤 지워질까

싱싱하게 물오른 새벽 강을 기다렸다
가슴에 불 지펴주는 푸른 영혼의 피뢰침
어둠이 길을 내주며 세상 아침 열어주는

거울

거울을 마주하고 내 모습을 비춰본다

이목구비 또렷한 눈 코 귀 입 살아있다

내 모습 구석구석이 온통 우주다

어제는 살펴보고 돌아온 길 짚어보며

두 눈은 크게 뜨고 오늘을 바로 보자

입으로 하는 말들이 미래 창고 보물이다

설마라는 부정의 말 걷어내는 발걸음

성공은 준비된 자의 몫 저 하늘이 보장할거야

처연한 소리를 읽는 나이테로 키우는 아침

뼈마디들

뼛속 깊이 파고드는 냉기를 밀어내며
시간의 레일 위를 쉼 없이 달려왔다
밤마다
폿대를 찾는
애절함 만나면서

너른 바다 품속이 간절히 필요한 때
앞치마 눈빛 속에 평온의 뜰 펼쳐 들고
혹한을 견뎌낸 땅거죽 촉 하나를 틔웠다

어둠을 오르던 걸음 구릿빛 근육 불끈 세워
북적대는 세상 속 움츠린 희망 건져 올리려
주름진
뼈마디들의
애쓰는 문양이 아프다

길

살아서 꿈틀거리던 푸른 핏줄 서는 손등
겨운 세상 갈아엎을 용기가 내게 있나
뿔뿔이 몸을 숨기며 엎드려 포복匍匐이다

내 몸은 엎드렸지만 뿌리를 다쳐선 안 돼
부딪혀 지친 세속 바랑에 걸머메고
장엄한 푸른 들판에 숨긴 씨앗 여물이고

혼절한 아픔들은 내일이면 지나간다
삶의 질곡 휘청이던 한 끼는 건너왔다
헐거운 마음자리에 한 생애를 펼치는 길

물소리

눈빛에 젖어 드는 씻고 씻기는 말간 생生
마음 먼저 출렁이면 줄 빛살 새어드는
물소리 가두어두고 제 속살 찌워야지

부리 부비다 보면 날갯짓 펼 수 있으리
산의 발을 씻기며 땅 냄새 맡아 피어난
꼿꼿한 대궁 속에서 뿌리 내려 굳건할 터

숲다운 숲 만들기 위해 은하의 노래 부르자
무성한 말만 앞세우는 죽어있는 마음 밭에
시대를 유영遊泳하면서 바다를 건너야 살 수 있다

기도처

탱자 울타리 건너오며 탱자 가시에 찔린 손
탱자의 노란 빛깔에 눈독 들인 탓인가
침針 세워 찌르고 있으니 찔려 곪을 수밖에

발밑에서 꾸물거리던 가려움증 번지는 일
길 없던 길, 길 걷더니 제 발등을 찍고 있어
그물에 활착活着한 날들 오도 가도 못하는 몸

두 눈을 감고서야 내 속이 보이는 길
내 안에 살아있던 잃어버린 것들마저
적과摘果철 숨음질에도 무사히 넘어왔던

내 마음 넓혀 줄 가꾸고 싶은 정원庭園 있다
몸을 찢고 오르는 비상飛上의 꿈을 좇아
비바람 피할 거처 두고 기도처에 들어선다

불끈 솟아도

무논에 둥둥 별이 떨어져 떠다니다
덮어야 할 일들이
산체山體 같은 회색도시
근육질 불끈 솟아도
풀 수 없는 저 그리움

곧거나 굽어진 길 쉼 없이 달려야 할 때
방지 턱 자세히 봐
과속하지 말라는 교훈 있어
바깥을 둘러보느라
핏발 선 눈 아프겠지만

촉 눈을 내밀고서 꽃부리도 만들면서
초秒 같은 세월 속에서
너럭바위도 뚫어보아
가득한 슬픔의 한恨 쯤
깊이깊이 봉인했다

똬리를 틀고

밟혀야 살아나는 푸른 피가 도는 보리

내 안의 수분들은 스스로 지켜내며

벌판에 누워 꿈꾸며 잎 잎마다 물들였다

생을 잡고 버티던 몸 발끝이 아려오고

넘어져 깨진 무릎은 오늘도 피멍이다

납작이 엎드렸다고 비굴이라 말하지 말라

베이지 않고서는 쓰린 아픔 누가 알까

꼭꼭 숨어 숨죽이고 있는 딱정벌레 한 마리

땅심에 똬리를 틀고 박음질을 하고 있다

묵묵히 하루를

어둠 속에 우두커니 한밤을 앉아있다
온몸 발갛게 물들인 끈질긴 추적의 덫
묵묵히 하루를 바쳤다 기도가 되는 열 손가락

소용돌이 회오리바람 내게로 와 멈춘 사월
눈을 뜨고 걷지만 허공에 붕붕 떠다니고
얼굴이 파랗게 질려 고개 숙이는 저녁 길

의미 없이 방류放流했던 지나간 시간들이
가슴에 인두질하여 잠들지 못하는 밤
이제는 젖은 내 아픔 겹겹이 덮고 싶다

젖어있는 것들 거두어 말려가며
번뜩이는 삶의 순간 뛰는 가슴 기다리며
무료히 숨 멎는 연습을 푸른 돛대로 세우는 밤

손등에 떨어진 눈물

날마다 시달리는 악몽에
생의 뼘을 재어본다
괴로워 헤집는 일 시들며 앓고 있다
밤 깊어
잠드는 날엔
아침 오지 않기를

우편함에 꽂혀있는
한 통의 풀꽃 편지
하얀 파꽃 따라와 맵싸한 울음 토하고
손등에
떨어진 눈물
자벌레로 기고 있다

찬 겨울 시멘트 바닥에 누워보면

불면을 베고 눕는 자리 젖은 슬픔 배어있다
골골이 찢긴 가슴 울음 밟고 일어설 때
지독히 매운 고추는 장독에서 삭고 있지

말 없는 세상에 들어 말문을 잃었어도
침묵의 행간 사이 말문이 트고 있어
동여맨 매듭이 풀려 가얏고를 뜯는 손

토혈吐血 같은 한恨 맺힘은 속 바닥 깊이 긁어내고
지우지 못한 설움은 도르래가 감아올려
지친 몸 마음 세운 뒤 초목으로 청청하길

찬 겨울 시멘트 바닥에 누워보면 알게 되지
희미한 등촉 꺼진 밤이 얼마나 춥고 적막한지
곧은 뜻 편지함에 담아 새 생명生命 씨앗 뿌리는 일

야윈 몸

풀지 못한 매듭 있어
입술 문을 닫았다
발 뻗고 싶었지만
웅크린 채 잠드는 밤
여태껏 살아 온 날들
손금으로 박혔다

세속의 무대에 올라
지휘봉 휘두른 손
눈 뜨고도 짚은 허방
스러지는 거품일 뿐
발끝에 목숨 꽂는 날
먼저 눕던 야윈 몸

미처 못 푼 매듭 줄은
선반 위에 올려놓고
실타래 풀어가듯

느릿느릿 걷다 보면

숨죽여 울었던 날이

벼린 작두날같이 시퍼렇다

가을 빈손

말 한마디 못을 치면 빗장 문 닫아걸고

쓸쓸함이 저벅거려 퉁퉁 부은 발 시렸다

명치끝 투망에 걸려 억누르고 지내온 날

엇갈린 생채기는 몽당몽당 잘라내고

다문 입술 여는 날엔 흐린 안개 풀어내며

울타리 봄빛 파랗게 물들이고 있는 오월

아직은 큼직한 삶의 무게 남아있어

격랑激浪의 너울쯤은 짠 눈물로 삼키면서

마음 밭 파종하느라 빈손 뿐인 가을걷이

삶의 봇짐

묵직한 삶의 봇짐 꺼내놓은 툇마루
내 안의 흐린 안개 풀어놓은 고향마당
심중에
묻어둔 말들
밤새도록 비단을 짠다

곤곤한 살얼음판 조심조심 걷고 있다
밑바닥 더욱 깊어 햇살 비껴 날아가고

때 묻고
남루했던 날
곁불 쬐는 먹먹함

바삭 마른 찬 겨울에 검불 되어 흩날려도
내가 나를 오르기 위해 지하 계단 딛고 선다
땅 위에
지문을 찍고
넉 잠잔 누에 되어 고치를 짓는다

뼛속 깊이 파고드는

불어오는 비바람 피할 수 없다면
뼛속 깊이 파고드는 냉기 서린 방에라도 들자
밑둥치 삭아내려도
으스러질 운명이어도

푹 파인 허리춤엔 속울음이 윙윙대고
불어터진 통증은 핏빛으로 고여 있어
수척한 근심이 살고 있는
집 한 채를 헐어냈다

봉인封印된 꿈자리 따라 거침없이 유영遊泳하던
한 가슴 풀어 놓았던
절창絶唱의 꿈 어디쯤일까
속 맑은
샘물이 될까
부러지고 꺾이어져도

꽃등 하나

공손히

한 꺼풀씩 길을 여는 희미한 흔적들
스쳐 간 세월의 창 깨어나는 아침이면
물관 탄
나팔꽃처럼
세상 안부 전한다

밤새 온 사서함엔 스팸메일 가득했다
삭제하며 휴지통 비우며 바다처럼 포효하며
질경이 뿌리 뽑으려 악플 글 매달렸다

혀끝에 괸 독을 풀어야
너도 살고 나도 살지
새벽달 반짝이도록 공손히 떠받들면
바윗장
들어 올리는
두 팔 근육이 아리다

짓밟히더니

앞섶을 열어놓고 7月 하늘 쪽물 부어

드리운 품 안에서 새순으로 날개 돋는

허기를 채워야 했다 맨손으로 오르는 벽

바람 부는 동천冬天 아래 주저앉은 들풀 좀 봐

구르고 짓밟히더니 넋 푸르게 물길 트네

못 지운 삶의 흔적에 묵은 체증 내리면서

꽃 등

잎 다진 목숨 안고 나무 한 그루 떨고 있다
살과 뼈 뜨겁게 비며 아픔을 치유하던
내 가슴 화석에 박힌 그리움 굴리던 곳

멀고 먼 하얀 길은 절간처럼 조용했다
나를 삼킨 슬픔의 입 붉은 해를 전송한다
흩어진 꿈의 조각들 헛 박음질로 달리는 손

낡은 생 페이지가 뒤꿈치에 밟힐 때
자꾸만 헛딛는 언 발 녹여 쉬고 싶다
하늘 땅 단단히 묶어 꽃등 하나씩 매달았다

인두로 지지면서

초록 울컥 쏟아지는 유월 달력 뜯어냈다

빈칸마다 빼곡했던 모종 이야기 남아있어

귀담아듣지 못한 말 일기장에 옮겨 적고

땅 밑으로 깊숙이 젖은 맨발 엎드리는

잎새들이 목욕하는 물터 찾아 나선 길

질척한 늪 물에 갇혀 발 빼내지 못한 지금

종일 움켜쥐었던 아귀힘 풀고 손을 펴면

애끓던 주름살을 인두로 지지면서

손바닥 오랜 무늬가 땅의 시간 덮었다

곡비哭婢

굳은살 박힌 손가락 제 몸을 뚝 떼어
땅을 향해 입 맞추는 나뭇잎 마주한 날
낙화落花의 시퍼런 떨림에 숲들은 진지했다

둥글게 몸을 말아 닿았던 강섶이며
바다를 향하는 물꼬 틀던 그 날 일도
점점 더 닳아지는 살 파묻었던 고백까지

세상 짐 내려놓아야 가벼운 걸음인데
풀리지 않은 매듭을 아직도 들고 앉아
뜨거운 간을 내놓고 쪼아 먹혀 멍멍했다

한 세상 떠메고 날으던 날갯죽지
울음조차 나오지 않아 허기진 나를 위해
천지가 진동하도록 곡비哭婢로 울고 있다

젖은 이마

가파른 삶 걸어온 길 피울음 퍼 올렸다
행간을 밟아오던 담쟁이의 푸른 숨결

귀 잘린 고흐처럼이라도 자화상 언제 내걸까

저며 둔 속내 어둠 길어지는 한나절
삐거덕 몸이 울어 숨 고르지 못한 날들

모서리 윤나게 닦아 둥근 율律 품고 살아

기다림에 기울어 손가락을 꼽는 하루
새벽달 어둠을 걷고 새살 밀어 올렸다

연초록 물감을 풀어 젖은 이마를 닦는 첫 아침

처진 어깨

북적대는 세상 길목 분분히 꽃 진 자리
흐리고 침침한 눈 사물들이 보이지 않아
아픈 곳 눈동자 씻어
또렷하게 닦았다

가라앉은 삶을 훑어 메우는 하루 셈이
겨울잠 굳어진 몸 처진 어깨 깃을 세워
다듬이 방망이 소리로
앞마당에 울렸다

늦잠을 깔아뭉갠 걸음이 분주하다
한 꺼풀 나를 벗겨 일으켜 세우는 강
깨어져 뒹구는 벽돌
푸른 화폭畵幅에 박혔다

시린 손

한 세상 굴곡진 길 징검돌 놓여있다
메마른 혀 속죄하며 몸 낮춰 걷는 걸음
절정의 향기 가득한 꽃밭 속에 이사 왔다

비정규직도 못된 슬픔 가둔 은가락지
바닥까지 비워내니 뒷모습이 까칠했다
내일로 촉을 세우며 지친 오후 밀어내곤

멈추지 못한 딸꾹질 나직이 잠재우고
등에 박힌 피멍울 전신을 휘감아도
벼린 날 번뜩이면서 칠월 숲에 들었다

문밖에는 아무 일 없듯 시치미 뚝 떼지만
길을 열어 흘러가고 길을 열어 흘러들며
나이테 둘둘 감고서 시린 손 말려준다

밤새 걷던 자갈길

등 푸른 삶 건지러 세상 바다에 던진 투망
물 깊어 물 밑자리 미처 못 본 캄캄한 눈
밀레의
이삭줍기로 멈춘 시간 깨웠다

그물에 걸려 온 건 밤새 걷던 자갈길
흙담 넘어 들려온 흔들림도 가누면서
명치 끝
저린 가슴은 한 치 꿈 일구는 일

봄기운 움켜잡고 줄기 밀어 올려라
조각난 제 몸 닦아 몇 배로 불려가며
마늘밭
키워야 한다 아린 맛 길들이며

묵정밭

옹벽擁壁도 금이 갔고 집은 반쯤 기울어져
내부 수리에 들어간 녹아난 가슴이다
아픈 곳 제대로 짚어도 거푸집 차양 치고

어둠의 덫을 열어 몇 점 얼룩만 남겨지길
새 터에 집 짓는 일, 화전민 터 찾아 나선
뒤꿈치 발 시리다고 앙탈 부리는 나를 본다

내려놓고 비운 삶 어둠을 걷고 나와
아픈 내부 지켜보다 빈 가지로 올랐지만
목숨은 어디에서나 용수철로 사는 거다

갈퀴 손 훈장으로 햇빛으로 쏟아진 날
묵정밭 일구어서 씨 뿌리고 모종하자
바람도 멈춘 시간 깨워 태엽을 감아준다

낙장落張

밀봉된 사연 위로 굴착기掘鑿機 지나갔다
봄 틀어 올리던 손, 손등이 툭 터지고
무게를 견디지 못한 내 삶도 엎드렸다

신발 끄는 땅거미 따라 무릎 접고 내려온 길
불면의 늪에 빠져 헤어나기 어려워도
얼룩진 내 삶의 낙장落張 빈 시간에 끼웠다

쓰러진 나를 안고 따뜻이 덥혀주는
봉분을 가르고 나와 사랑채에 앉으셨던
아버지 장침長針 놓으셨다 절뚝인 몸 쭉 펴지게

다 저문 해 질 녘도 정성껏 길을 닦고
꺾인 관절 일으켜 뚜벅뚜벅 걷도록
어둠도 무쇠솥 걸어 고향을 끓여준다

부딪힌 몸

어스름 땅거미가 마을 앞 따라오면

깊은숨 몰아쉬는 녹음 꽉 찬 고향 숲길

고향 집 길을 열고서 대문 빗장 열었다

깊은 정情 나누려고 담 높이 낮추었던

어깨를 기댄 그림자 마당 안 들어서고

방마다 환한 등잔불 손님 반겨 맞는다

굽이쳐 흐르다가 바위 턱에 부딪힌 몸

한 치 꿈을 키워 온 물오른 음성 귀에 닿아

지층 위 쌓여진 흔적 끝날 수 없는 생존의 힘

버림으로

문 걸쇠 풀리더니 비밀의 숲 열려지고
오랜 날 불 꺼졌던 부엌 창이 환하다
무명의
아침을 씻어
앞산 숲에 펼쳐 널고

무수한 발걸음에 짓밟혀도 살아났던
차가운 땅 더듬이로 엎드린 몸 긁히지 않게
내 안을
두루 살피며
일어서는 몸짓 있다

뜨락 가득 내려앉는 꿈은 아직 남아 있어
은수저를 닦으면서 새 밥 지어 올리는 손
초연히
버림으로 얻은
내일이 밥상이다

눈물로 짠

퍼득이는 아침햇살
떨림으로 다가와
눈물로 짠 그물 위에
칠월을 얹고 있다
헛헛한 빈자의 허기
채워주는 상차림
뿌리를 깊게 내려
심지心志를 키우면서
어둠의 벽을 쪼는
텃새가 그리운 날
낙관落款 된 발자국 따라
얼레 감는 숙녀 있다

아득히 먼

달빛만 베어 물고 고요히 낮추던 몸

단풍 한 잎 눈물 되어 떨구는 잎 아찔했다

아득히 먼 물밑으로 가라앉은 날도 있었지

이유 없음이 이유인 이유 없이 묶인 발목

젖은 몸 말리는 시간 마음 밭 묵히는 밤

풀 죽은 토양을 갈아 우리 길이 파묻혔다

연초록 귀를 열어 듣는 랩이 난해하다

오류로 빚어진 세상 결빙結氷 또한 녹이겠다는

순간도 잊은 적 없는 긴 꿈을 꾸고 싶다

비움

초판 1쇄 | 2020년 10월 9일

글·사진_ 천숙녀
발행인_ 윤승천

발행처_ (주)건강신문사
등록번호_ 제25110-2010-000016호
주소_ 서울특별시 은평구 가좌로 10길 26
전화_ 02-305-6077(대표)
팩스_ 02)305-1436 / 0505)115-6077

ISBN 978-89-6267-107-0 03810

잘못된 책은 바꾸어 드립니다.
이 책에 대한 판권은 (주)건강신문사에 있으며,

저작권은 (주)건강신문사와 저자에게 있습니다.
허가없는 무단 인용 및 복제, 복사, 인터넷 게재를 금합니다.